AF240408

L'INTERNATIONALE NOIRE

PAR

J. POLLIO

Ancien rédacteur du *Mot d'Ordre.*

L'Église, avec ses noires légions
qui couvrent le monde, est comme
une *Internationale* divine qui en-
globe les nations !

ALCESTE.

A. L.

TROISIÈME ÉDITION

PARIS

ARMAND LE CHEVALIER, ÉDITEUR

61, RUE DE RICHELIEU, 61

1872

Tous droits réservés.

DÉDICACE

D'un pamphlet sans emphase où j'attaque le prêtre,
      Brave Général *Espivent*
De la Villeboisnet, — vous, aujourd'hui le maître
      De ce Marseille turbulent, —

Je vous offre l'hommage. O guerrier redoutable
      Qui m'avez fait mettre en prison,
Quand vous vous approchez de la divine table,
      Tout confit en dévotion,

Ne vous dites-vous point que vous êtes un homme
      Habile, habile s'il en fut,
Accordant pour le mieux Versailles avec Rome,
      — Le goupillon avec l'affût?

Je suis de votre avis. Aussi, je vous admire
      Et je l'écris ici sans fard...
Jésuite galonné, vous apprîtes à lire
      Dans les ouvrages d'Escobar!

J. POLLIO,
ancien rédacteur de *la Voix du Peuple.*

Prison cellulaire de Tours, 2 décembre 1871.

L'INTERNATIONALE NOIRE

I.

Il existe, de par le monde civilisé, une association
formidable, redoutée des gouvernements et de la bourgeoi-
sie, comptant près d'un million d'adhérents, et dont les
ramifications s'étendent d'un pôle à l'autre, de Paris à
Pékin, de Rome jusqu'au Japon! Cette association, c'est
L'INTERNATIONALE, nouveau spectre rouge découvert par les
ministres bonaparteux, mais exploité principalement par
la République (sans républicains) de M. Thiers, l'auteur du
Consulat... et surtout de l'Empire.

S'il fallait en croire les organes patentés de l'honnête
réaction, les farouches démagogues de l'Internationale se
proposeraient, ni plus ni moins, de *pétroliser* l'univers
entier, de parcourir, la torche à la main, les quatre coins
de la machine ronde, — comme disait feu Scribe, — à la
poursuite de l'infa-à-me capital. Les gens d'esprit, dont le
nombre, malheureusement, devient rare, ont fait prompte
et expéditive justice de ces inventions stupidement odieu-
ses, en démontrant d'une façon irrécusable que le but et
les tendances de la terrible Association, tant politiques
qu'économiques, se résumaient en ces trois mots bien sim-
ples et bien inoffensifs : *Émancipation des Travailleurs.*

Y a-t-il là motif à épouvante? Et comprendrez-vous enfin
une bonne fois pour toutes, bourgeois épeurés, ô Gérontes
éternels, que vous mordez bêtement à l'hameçon doré des
monarchies, que vous êtes les malades imaginaires du
pouvoir, ce médecin sans diplôme dont vous avalez les
pilules les plus amères, les purgatifs les plus diligents?
Allez, le péril social n'est pas dans la société aux aspira-
tions généreuses, au souffle puissant, régénérateur, fra-
ternitaire et égalitaire, créée dans un accès de justice par

les ouvriers européens réunis au solennel *meeting* de Saint-Martin's Hall.

Mais, si je considère comme puériles et exagérées les craintes que nos Prudhommes paraissent manifester à l'égard du prolétariat international, je ne puis m'empêcher d'un vif étonnement à la constatation du calme, de la placidité avec laquelle ils regardent, à côté d'eux, manœuvrer, intriguer, tripoter, miner, cette maudite engeance de moines flétrie de l'épithète de *Jésuites,* qui constitue, elle, ce que l'on doit véritablement dénommer *l'Internationale Noire.*

*
**

Pareil au voleur qui se glisse et qui rampe, le jésuitisme pénètre partout, fouille toutes les âmes, tous les ménages, toutes les familles, soulevant le toit des maisons, entre-bâillant la porte, lisant les lettres par-dessus l'épaule, jetant un coup d'œil adroit de derrière les carreaux des fenêtres.

L'Internationale Noire, voilà le danger, le vrai danger, je pourrais affirmer le seul danger.

Elle est forte, riche, protégée, entretenue. Ses membres occupent les degrés divers de la hiérarchie sociale ; elle domine les deux hémisphères, les gouverne à sa guise, *ad majorem Dei gloriam,* assassine les rois, vole les enfants, empoisonne les princes, égorge les papes.

C'est un vert-de-gris éminemment vénéneux qui ronge, depuis dix-huit siècles, le foie de l'humanité, comme le vautour olympien du Prométhée antique. C'est une toile d'araignée tendue sur la surface de la terre, hors d'atteinte des profanes tout en les retenant dans ses fils ; — une pieuvre gigantesque dont les milliers de ventouses étreignent robustement le cerveau de la Révolution !

Du fond de ses quarante mille confessionnaux, elle inocule le virus ultramontain et royaliste aux générations que lui livrent des parents coupables ou ignorants, qui devraient lire quelquefois les compte-rendus des cours d'assises, pour être édifiés sur la morale que peuvent enseigner des professeurs qui la respectent si peu.

Son rôle a néanmoins beaucoup plus d'importance. Ne croyez point que l'éducation de six cent mille filles et de deux cent mille garçons lui suffise. Non, non. Esprit pratique au plus haut point, elle a saisi la civilisation moderne par son côté vulnérable, elle la frappe au défaut de sa cuirasse : l'intérêt.

Loyola se fatigue de catéchiser les hérétiques ; Escobar

dit adieu à la théologie ; Bazile ne calomnie qu'aux grandes occasions ; Loriquet n'écrit guère l'histoire qu'à ses heures perdues ; Tartuffe, Tartuffe lui-même ne se contente plus de la femme d'Orgon : il fait les doux yeux à son coffre-fort, il délaisse Elmire pour *Fortunia*.

Industrie, commerce, banque, navigation, imprimerie, librairie, journalisme, ils font monnaie de tout. Le bréviaire les gênait, ils l'ont remplacé par le manuel du spéculateur à la Bourse.

O incomparable génie du catholicisme ! Jésuites, nos ennemis, que vous êtes habiles. Vous surpassez de cent mille coudées Robert-Macaire, Mercadet, Gobseck et Jecker; en un mot, vous êtes vraiment jésuites, et c'est à cause de cela que je tombe à vos pieds, ravi d'enthousiasme, la rage au cœur...

*
* *

Que l'on vienne encore nous parler du pauvre missionnaire abandonnant le village natal, traversant les mers furieuses, pour aller prêcher l'Evangile du Christ aux sauvages de Patagonie, du Paraguay ou du Congo. Nous répondrons, à ces charlatans effrontés, par le récit des scandales inqualifiables qui souillent les contrées lointaines où ils font mine, les grimaciers ! d'aller dépenser les sept ou huit millions de francs, chiffre authentique, que leur rapporte leur œuvre de la Sainte-Enfance et de la Propagation de la foi.

Holà, Foutriquets de sacristies, ne feignez point d'ignorerque nous connaissons vos petits trafics, maintenant ; il n'est plus possible, vous le savez, de nous duper comme autrefois. Donc, assez de pleurnicheries, assez de sermons, reléguez au muséum des antiquailles la haire et la discipline dont vous faites pompeusement parade, aux jours de « persécution. » Rengaînez les larmes d'avocats que vous semblez déposer pieusement sur le mausolée de vos Affre, de vos Sibour, de vos Darboy ; rappelez-vous un peu Jacques Clément, le père Lachaise, le curé Mingrat et le frère Léotade.

Nous aussi, nous nous rappelons... Nous nous rappelons que le bûcher du chevalier de La Barre éclaire de sa lueur sinistre les pages de votre histoire, si fertile en meurtres, viols, escroqueries, qu'on croirait, je vous le jure, feuilleter la *Gazette des Tribunaux*.

Nous nous rappelons que vos soutanes, moins sombres que vos consciences, sont toutes maculées du sang de Jean Calas, du sang de Giordano Bruno, du sang des Albigeois, du sang des Camisards, du sang des juifs de l'Inquisition espagnole, du sang des *bleus* de 1792, du sang des *patriotes* de 1815 : c'est de tout ce sang-là que sont teintes les jupes écarlates de vos cardinaux romains.

*
* *

Depuis vos derniers exploits, les mœurs ont radicalement changé. La libre pensée, le sans-culottisme, le socialisme, se sont développés dans des proportions colossales. Dans votre sublime intelligence des situations, vous avez, en présence de cette transformation que vous n'avez pu ou su entraver, immédiatement renoncé à votre ancienne tactique du moyen-âge, de la Réformation, des *auto-da-fé*, des tortures physiques. Vous brûliez, jadis, au lieu de répondre. Aujourd'hui, vous caressez... pour mieux étouffer.

Vous avez vite quitté le costume hideux du Saint-Office et de Saint-Acheul, pour endosser la redingote de l'homme de compagnie ; de familiers du tribunal sacro-saint, vous êtes devenus familiers de salons et d'antichambres ministérielles. A la bonne heure ! Au moins, vous pourrez ainsi capter facilement la confiance des esprits soupçonneux ; tandis que, à vous parler franchement, il se dégageait de votre longue robe noire, de votre coiffure aux ailes de corbeau, une sueur d'hypocrisie, une odeur de mensonge qui montait à la gorge des honnêtes personnes.

Qui reconnaîtra désormais, dans ce corps mince orné d'habits élégants, à la chevelure négligemment relevée, au teint fleuri, le Cafardot farfelu, crasseux, puant, la soutanelle en haillons, dont les fesses rougissaient sous les coups de fouet des pamphlétaires ? Lui qui se dissimulait le long des murailles, quand il traversait la voie publique, le voilà assis sur les coussins d'une calèche découverte, le front insolent, le cigare aux lèvres, lançant à travers son lorgnon en écaille des œillades polissonnes aux catins à la mode qu'il aperçoit.

Veillons au salut de nos principes, néanmoins. Les mains sont gantées, les ongles soigneusement limées, oui, mais ces mains n'en étranglent que mieux le progrès, ces ongles n'en égratignent pas moins la liberté.

Le crucifix-poignard de la Ligue étant hors de saison, les coups de pioche de la Raison menaçant de faire crouler la Foi évangélique, *l'Internationale divine*, dans un suprême effort, a démuselé tous ses dogues voraces. Elle a déchaîné sur le dix-neuvième siècle ses noirs régiments de soldats abrutis, ivres de fanatisme et de mysticisme, autant que les *lignards* de Bonaparte étaient ivres de vin, la nuit du 2 décembre 1851.

Fantassins, cavaliers, artilleurs, génie, toute l'armée du goupillon s'est donnée rendez-vous au champ de bataille. Capucins, franciscains, dominicains, bénédictins, ignorantins, prêtres, oblats, chartreux, trappistes, maristes, lazaristes, sœurs de charité, de la Visitation, de Saint-Vincent-de-Paul, ursulines, carmélites, etc., etc., etc., telles sont les forces du jésuitisme ; car, qu'on n'équivoque pas, par jésuites, il faut comprendre non-seulement les jésuites malproprement dits, mais encore la masse innombrable des parasites des deux sexes qui, revêtus d'une cagoule quelconque, infectent et infestent les nations asservies.

*
* *

Ceux-ci sont les adhérents publics de *l'Internationale divine*. On les coudoie à chaque instant ; on ne peut risquer un pas dans la vie sans se salir aux manches de quelqu'un d'entre eux. Hôpitaux, écoles municipales, colléges, prisons, casernes, tout cela leur appartient, légalement... Pourquoi ?

Parce que, depuis 1793, la populace française, ce que M. Thiers a appelé « la vile multitude, » et Barbier « la sainte canaille, » n'a jamais été représentée dans nos Assemblées parlementaires.—Marat et Danton sont morts. — Parce que les marchands de paroles du 4 septembre, dépourvus de ce qui manque également aux ténors de la chapelle Sixtine, ont eu peur, alors qu'ils avaient la hache de la Loi au poing, de la laisser s'abattre fortement sur le col du Briarée contemporain : le jésuitisme.

Doit-on avoir des ménagements, doit-on donner des baisers-Lamourette à des drôles qui osent fulminer des menaces semblables : « Vraiment, notre siècle est étran-
» gement délicat. S'imagine-t-il donc que la cendre des
» bûchers soit totalement éteinte ? qu'il n'en soit pas resté
» le plus petit tison pour allumer une seule torche ? Les
» insensés ! en nous appelant *jésuites*, ils croient nous
» couvrir d'opprobre ! Mais ces *jésuites* leur réservent la
» censure, un bâillon et du feu... Et, un jour, ils seront
» les maîtres de leurs maîtres. » (1).

Quelque odieux que soit le langage qui précède, il

---

(1) Le père Roothaan, *général des jésuites*, à la conférence de Chiéri.

n'étonnera aucunement, cependant, les gens qui ont examiné de près le poison imprimé répandu à pleines fioles
dans la bibliothèque bleue du catholicisme. D'ailleurs, les
classiques de l'Hélicon ultramontain, les Fénelon, les
Bossuet, les Fleury, les Taberna, les Jean de Dicastille, les
Nonotte, les Patouillet, les Xavier de Maistre, et autres
Montalemberts, nous avaient préparés à cette charité toute
apostolique. Leurs élucubrations ne sont-elles pas, en
effet, l'égoût collecteur où viennent se condenser les arguments les plus absurdes, les infamies les plus inavouables :
où le despotisme, l'adultère, l'improbité, l'exploitation du
travail par la fainéantise, sont cyniquement glorifiés,
parfois avec un lyrisme digne d'une meilleure cause ?

II

L'Internationale Noire a trop compris l'influence considérable du papier barbouillé d'encre, pour ne s'en être
point fait aussitôt un instrument d'absorption, une machine
de guerre. Mais, assurément, les casuistes célèbres d'avant
l'Encyclopédie seraient frappés d'ébaubissement, s'ils
voyaient l'usage qui en est pratiqué de notre époque par
leurs successeurs et héritiers.

Qu'elles sont éloignées de nous, les années où la maraudaille des messotiers consacrait ses loisirs à la paisible
rédaction de quelque énorme in-folio sur le dogme de la
Conception, la grâce supranaturelle, ou l'existence miraculeuse d'un Cucuffin ou d'un Siméon Stylite ! Il appartenait au siècle de Proudhon et de Büchner de voir surgir
de la pénombre les Veuillots et les Janicots de la presse
cléricale.

— Hommes noirs, d'où sortez-vous ?
— Nous sortons de dessous terre...

Ah ! le journal, arme venimeuse entre les doigts
mouillés d'eau bénite des Giboyers à la solde de l'Eglise !
Embusqués derrière les colonnes vespasiennes d'un
Univers, d'une *Gazette de France*, d'une *Gazette du Midi*,
d'une *Espérance du peuple*, d'une *Décentralisation*, les
phrasassiers de l'Internationale Noire tirent à bout portant
sur les théories philosophiques, les opinions démocratiques,
les publications indépendantes, qui passent tranquillement
sur la grand'route du progrès.

Ils forment un bataillon sacré — ou plutôt une patrouille — que nous nommerions volontiers *les Francs-Bondieusards*.

A la remorque du parti légitimiste, qui les paie grassement du reste, ils n'éprouvent le moindre scrupule de sauter à pieds joints dans la boue du chemin, afin d'en éclabousser leurs adversaires. Valets de plume portant la livrée de leurs patrons, ils nous font, avec leurs fleurs de lys et leur tiare pontificale en bandoulière, l'effet de Mascarilles de l'ancien régime, — culottes courtes, bas de soie, perruque poudrée à frimas, escarpins à boucles d'acier, — se tenant sur le seuil de l'opinion publique et annonçant d'un ton comique de gravité : Sa Majesté Henry V... Sa Sainteté Pie IX...

*
* *

L'avenir, selon les champions du droit divin, réside dans ces deux grotesques personnages : le boiteux châtré de Chambord, le ramolli du Vatican.

— Le droit divin! Je n'ai jamais prononcé cette expression baroque qu'en l'accompagnant d'un large éclat de rire. Elle me faisait involontairement songer au *Petit Colloque élémentaire* publié par un vieux jurisconsulte allobroge de 1789, spirituel à la manière de l'infortuné Rochefort, lequel s'exprimait ainsi :

— Savez-vous quels moyens la force emploie pour faire un droit?

— Le nombre en est infini.

— Dites-moi seulement les principaux.

— Les canons de fonte et les canons de l'Eglise.

— J'aime les idées nettes. Définissez-moi un peu les canons de fonte.

— Ce sont des machines de rhétorique en forme de tubes, lesquelles, par le moyen d'un trou appelé *lumière*, et d'une poudre noirâtre, chassent des motifs du poids de plus de cent livres, capables de conduire et d'emporter les hommes qu'ils rencontrent à cinq cent toises par le plus court chemin, — ce qui fait le DROIT...

— Définition judicieuse! Et les canons de l'Eglise?

— Ce sont d'autres machines, sans *lumière*, mais remplies d'un air tellement élastique, qu'il peut chasser aussi des motifs de cent livres avec une si grande violence, qu'ils ont ravagé des pays entiers, et toujours par le plus court chemin, autrement dit le *droit*...

*
* *

L'Internationale Noire tient ses congrès à Rome.

Elle y a décrété l'abolition de l'hérédité, soit la propriété collective. Si l'on veut se convaincre de la réalité de mon affirmation, il n'y a qu'à jeter un regard autour de soi. Le *communisme* le plus autoritaire ne fleurit-il pas dans les couvents ?

(L'individu, initiateur, disparaissant au sein du groupe, routinier, la clef de tout le système économique est là.)

Elle pratique sur une vaste échelle l'amour libre... et même l'amour unisexuel. Témoins, les procès criminels qui se déroulent quotidiennement devant la magistrature; témoins: les tonsurés cosmopolites qui peuplent les maisons centrales et les bagnes.

Elle proscrit l'instruction gratuite, proclame la royauté, légitime l'usure, applaudit aux luttes civiles, se trempe le bec dans l'écume du sang de Jean-Baptiste Clootz et de Ferré.

III.

Le géomètre de Syracuse s'écriait : Un point d'appui, et je soulève le globe ! — L'Internationale Noire a trouvé le point d'appui que réclamait Archimède ; c'est la confession.

Voyez-vous ces deux ombres humaines, agenouillées dans un étroit réduit de bois sombre, séparées l'une de l'autre par une lucarne grillée, se murmurant, au coin d'une chapelle, des paroles mystérieuses ? C'est un prêtre qui *confesse* une femme.

Au dehors du temple, le soleil verse des torrents de clarté ; le vent léger caresse le front des fiers peupliers, se reflètant dans les eaux comme d'immenses sentinelles ; les enfants cueillent des bluets parmi les épis jaunis ; la violette et la jacinthe unissent leurs parfums, qui s'exhalent dans l'air chaud ; les oiseaux, cachés dans l'épaisse feuillée, gazouillent leur répertoire musical ; des couples amoureusement enlacés foulent de leurs pieds joyeux le velours de la mousse... Tout chante, tout aime, tout vit ; le Printemps met la tête à son balcon pour contempler le bonheur qu'il apporte. Un sourire d'une ineffable douceur dénoue les lèvres de la Nature, notre mère éternelle.

Tout vit, excepté les deux ombres, le confesseur et sa pénitente. Leurs cœurs sont ensevelis dans le linceul de la dévotion. Que se disent-ils ? La pécheresse plonge sa tête entre ses mains pâlies ; son sein se gonfle merveilleusement ; des sanglots discrets entre-coupent sa voix faible et triste.

Le prétre gronde, menace, puis se radoucit : « N'avez-vous rien de plus à dévoiler à Dieu? »

Le confessionnal, quel laboratoire abject, quelle sentine de corruption ! Là, des adolescents hystériques et de vieux *drilles*, recouverts du masque sacerdotal, promènent artistement leur scalpel à travers les plis et les replis les plus inexplorés de la conscience féminine, apprenant les tracasseries domestiques des familles par la jeune fille, les secrets des maîtres par la servante, les convictions politiques des maris par l'épouse.—La police des gouvernements n'approcha jamais de celle du jésuitisme...

Un de ces pères Fouettards, opulent chanoine d'un évêché du Midi, me faisait un jour, dans un moment d'oubli, cet aveu précieux : « Qu'importe, à bien réfléchir, qu'on rase quelque peu le catholicisme ? Il n'en aura que plus de barbe. Le meilleur nous reste : la confession. » (1)

Je frissonne d'horreur et de honte, à la seule pensée des propos auxquels doivent se livrer, dans le silence du confessionnal, des hommes si fort sujets à caution sous le rapport de la moralité.

... Ecoutez l'exorde du sermon débité à Marseille par un jésuite, il y a quelques années, dans une conférence de femmes : « Travaillez à la vigne du Seigneur à tous les instants de votre vie, travaillez-y le jour, le soir, *travaillez-y la nuit, la nuit surtout,* mes très-chères sœurs : *la nuit, c'est votre force!...* »

Ecoutez un des cantiques que fredonnent les petites filles, à leur première communion, sur un air mondain que le *Recueil* indique soigneusement :

> Cœur adorable (de Jésus),
> Bonheur des cieux !
> C'est lui, je sens, je reconnais ses feux !
> Cédons, mon cœur, à son empire aimable.
> . . . . Combien à ta présence
> Naissent en moi de mouvements secrets !
>
> . . . .
> Il m'est offert, ce baiser si divin !
> Ne puis-je donc reposer sur ton sein,
> De mon amour y parler sans contrainte ?

A Jésus, substituez Arthur ou Léon, et vous vous croirez à l'Opéra, à une représentation du *Prophète* ou de la *Favorite*... Pouah! Sortons de ce cloaque plein d'encens et de

____

(1) V. Michelet : *Le Prêtre.*

visions passionnées ; un séjour trop prolongé nous axphyxicrait bientôt.

Ce qui m'indigne profondément contre mon siècle, c'est que, tout en reconnaissant les turpitudes du christianisme, il continue à se laisser guider par lui, à suivre ses sentiers hérissés de pièges tendus à la raison philosophique. Pour excuser la lâcheté de l'acte, il se contente d'invoquer l'affreuse théorie de la nécessité, du qu'en-dira-t-on !

Une attitude aussi misérable me remet en mémoire la réflexion d'un éminent penseur. « Le régent Philippe d'Orléans, écrivait Proudhon (*), croyait se déguiser en se faisant donner des coups de pied dans le derrière par son précepteur Dubois. Nous nous déguisons en jetant la pierre aux jésuites. Que leur importe, s'ils règnent ? Que fait à Méphistophélès de servir Faust, s'il possède son âme ? »

*
* *

Les papistes et les jésuites, résolus d'en finir avec l'hérésie anglicane, formèrent le charitable projet d'exterminer le roi d'Angleterre (Jacques Ier), les lords et les représentants des Communes. — Touchantes intentions de concorde et de persuasion ! — Pour atteindre leur but, ils trouvèrent l'ingénieux moyen que voici.

La rentrée du Parlement s'effectuait le 5 novembre 1605, dans le palais de Westminster. Ils louèrent, plusieurs mois à l'avance, une maison tout auprès, creusèrent un long souterrain aboutissant sous le palais même et apportèrent là une trentaine de barils de poudre qu'ils dissimulèrent sous des fagots.

Dieu, paraît-il, refusa son concours à ce mignon guetapens, puisqu'il fut découvert.

La soirée du 4 novembre, à la veille du jour fatal, la police de Londres opérait une descente sur les lieux, où elle surprenait l'un des agents principaux du complot, caché derrière un pilier de la voûte, porteur d'une lanterne sourde et de mèches destinées à communiquer le feu à la poudre.

Le 31 janvier 1606, ce coquin et sept de ses complices furent accrochés à la potence, dans la cour du Parlement.

Trois mois après, le 8 mai, on décapitait au cimetière St-Paul le père Henry Garnet, jésuite né à Nottingham,

____

(*) *De la Justice dans la Révolution et dans l'Eglise,* 6 volumes publiés à Bruxelles.

élevé à Rome sous les auspices du cardinal de Bellarmin, et devenu en Angleterre supérieur de l'ordre d'Ignace de Loyola.

Garnet avait été l'âme de la fameuse *Conspiration des Poudres...*

***
** **

Hé bien ! *L'Internationale Noire* trame actuellement en France un complot non moins épouvantable.

Le souterrain est creusé, les barils de poudre sont disposés, le mot de ralliement est donné. L'espace de quelques secondes nous sépare à peine de la nuit où les conjurés mettront le feu à la mine, — si le peuple ne redouble de précautions. Cette fois, la conspiration ne projette pas de tuer le monarque, mais bel et bien de nous en imposer un, de *droit* divin ou constitutionnel, qui règnera « par la grâce de Dieu » et le secours des baïonnettes.

Tout annonce que l'ennemi : monarchie ou jésuitisme, — c'est la même chose, — s'avance à marches forcées, profitant des brouillards de Versailles et de l'assoupissement général. Humble soldat de la République attaquée, je pousse, du haut des remparts, le cri traditionnel d'alarme, de vigilance et de réveil :

Sentinelles, prenez garde à vous !

Tours, imprimerie PACHOIS, Cour des Prés, 4.

9 782329 092003